프란치스코 교황이 초대하는
이달의 묵상

성모 마리아

프란치스코 교황 지음

가톨릭출판사

What Pope Francis Says About Maria – 30 Days of Reflections and Prayers
ⓒ Libreria Editrice Vaticana

Korean translation ⓒ 2020 Catholic Publishing House

프란치스코 교황이 초대하는 이달의 묵상: 성모 마리아

2020년 9월 1일 교회 인가
2020년 10월 20일 초판 1쇄 펴냄
2025년 12월 12일 초판 2쇄 펴냄

지은이 · 프란치스코 교황
펴낸이 · 정순택
펴낸곳 · 가톨릭출판사
편집 겸 인쇄인 · 김대영
편집 · 김지영, 박다솜, 박도연, 허유정
디자인 · 강해인, 우지수, 이경숙, 정호진
마케팅 · 임찬양, 안효진, 황희진, 노가영, 이영실

본사 · 서울특별시 중구 중림로 27
등록 · 1958. 1. 16. 제2-314호
전자우편 · edit@catholicbook.kr
전화 · 1544-1886(대표 번호)
지로번호 · 3000997

ISBN 978-89-321-1741-6 04230
ISBN 978-89-321-1676-1 (세트)

값 8,800원

성경 · 교회 문헌 ⓒ 한국천주교중앙협의회, 2020.

이 책의 한국어 출판권은 (재)천주교서울대교구 가톨릭출판사에 있습니다.
저작권법에 의해 보호를 받는 저작물이므로 무단 전재와 무단 복제를 금합니다.

가톨릭의 모든 도서와 성물, 디지털 콘텐츠를 '가톨릭북플러스'에서 만날 수 있습니다.
https://www.catholicbookplus.kr | (02)6365-1888(구입 문의)

프란치스코 교황과 함께하는 365일 묵상

프란치스코 교황이 초대하는
이달의 묵상

성모 마리아

프란치스코 교황 지음

가톨릭출판사

시작하는 글

"성모님을 본받아
세상을 비추는 빛이 되십시오."

프란치스코 교황은 성모님을 우리 신앙의 모범이라고 부릅니다. 예수님을 따르는 삶의 여정을 성모님에게서 찾을 수 있다는 것이지요.

성모님은 하느님의 뜻을 받아들여 우리에게 세상의 빛을 전해 주셨습니다. 그분은 자신을 지우고 하느님의 뜻을 자신의 온 존재로 받아들여 실천하셨습니다. 그리고 하느님의 뜻이 무엇인지 고통스러운 삶 내내 그 의미를 되새기셨습니다. 그리하여 성모님은 부활의 큰 기쁨을 누릴 수 있었습니다!

프란치스코 교황은 이렇게 말합니다. "예수님의 어머니

안에서 신앙은 온전하게 그 결실을 보았습니다. 이렇게 영적인 삶이 열매를 맺을 때 우리는 기쁨으로 충만해집니다. 이것이야말로 신앙의 위대함을 드러내는 가장 명백한 표지입니다."

프란치스코 교황의 이러한 가르침을 바탕으로 마리아에 관한 30일 동안의 묵상 자료를 엮었습니다. 《프란치스코 교황이 초대하는 이달의 묵상: 성모 마리아》는 신앙의 모범이신 성모님을 본받을 수 있도록 우리의 눈을 열어 줄 것입니다. 또한 우리가 신앙인으로서 어떻게 살아야 할지 그 길을 보여 주는 여정이 될 것입니다.

목차

시작하는 글 ··· 4

1 언제나 함께하시는 분 ··· 10

2 성모님의 시선 ··· 14

3 우리를 위해 서둘러 오시는 분 ··· 18

4 하느님 백성을 위한 모범 ··· 22

5 작고 단순한 사람들 ··· 26

6 희망의 어머니 ··· 30

7 성모님 안에서 희망의 증언을 보십시오 ··· 34

8 성모님은 길을 아십니다 ··· 38

9 예수님과 하나이신 성모님 ··· 42

10 고통받는 이들의 희망 ··· 46

11 우리에게 필요한 것 ··· 50

12 거룩하신 하느님의 어머니 ··· 54

13 저에게 이루어지소서 ··· 58

14 성모님은 우리와 다르지 않습니다 ··· 62

15 매듭을 푸시는 성모님 … 66

16 우리는 주님의 도구입니다 … 70

17 성모님은 신앙의 나그넷길을 걸으셨습니다 … 74

18 성모님의 눈길을 느끼십시오 … 78

19 우리를 돌보시는 성모님 … 82

20 성모님의 경청 … 86

21 성모님의 결단 … 90

22 성모님의 실천 … 94

23 기쁨의 상징이신 성모님 … 98

24 함께하시는 성모님 … 102

25 성모님의 여정 … 106

26 늘 준비된 성모님 … 110

27 모든 것은 선물 … 114

28 하느님이 세우신 사랑의 계획 … 118

29 성모님을 관상하면 … 122

30 말씀을 듣고 마음에 간직하신 성모님 … 126

1.

언제나 함께하시는 분

성모님과 함께하지 않는

그리스도인은 고아입니다.

†

우리 삶에서 성모님은 참으로 중요합니다. 언제나 우리와 함께하시는 분은 성모님이십니다. 그분은 아주 힘들고 고통스러웠던 예수님의 부르심의 여정에도 동행하셨습니다. 성모님은 늘 우리와 함께 걸으십니다.

묵상

- 어머니이신 성모님과 어떤 관계를 맺고 있는가?

오늘의 다짐

기도

성모님,

제 모든 것을 어머니께 맡기니,

온갖 고난과 어려움에 시달릴 때에도

언제나 함께 머무소서.

(주님의 기도, 성모송, 영광송)

오늘의 지향

2.

성모님의 시선

성모님은 우리가 삶에서

참행복을 실현할 용기를

가질 수 있도록 도우십니다.

†

성모님은 마음의 시선을 항상 하느님께 두며, 그분을 태중에 모셨고, 하느님의 아드님이 십자가 위에 계실 적에도 오로지 십자가만을 바라보셨습니다. 성모님은 우리가 성체 조배할 때 이렇게 말씀하십니다. "예수님을 바라보렴. 그분께 시선을 두고, 그분의 말씀을 들으며, 그분과 이야기해 보렴. 그분은 너를 사랑스럽게 보신단다. 겁내지 말거라! 그분은 네가 하는 크고 작은 일들 가운데, 사람들과의 관계 가운데 당신을 따르는 법을 가르쳐 주실 거란다. 또한 다른 이들을 사랑으로 바라보는 법도 가르쳐 주실 거란다."

묵상

- 예수님께 시선을 두고 있는가? 혹시 다른 곳을 바라보고 있지는 않은가?

오늘의 다짐

_____

_____

_____

기도

성모님,

날마다 시간을 내어,

당신 아드님이신 성자 예수님을 바라보며

대화를 나누도록 도와주소서.

(주님의 기도, 성모송, 영광송)

오늘의 지향

3.
우리를 위해 서둘러 오시는 분

성모 호칭 기도에

이런 구절을 넣으면 좋을 것 같습니다.

"서둘러 오시는 성모님,

저희를 위해 빌어 주소서!"

†

성모님은 친척 언니 엘리사벳이 아이를 가졌다는 소식을 듣자마자 급히 길을 떠나셨습니다. 지체하지도 않았고, 변명하지도 않으셨습니다. 우리 어머니가 지닌 마음은 다른 이를 도우려는 의지였습니다. 그분은 예수님의 어머니가 될 거라는 예고를 듣고도 다른 이를 도우러 가셨습니다. 성모님은 늘 그렇게 하십니다. 그분은 우리가 도움을 필요로 할 때면 늘 서둘러 오시는 우리의 어머니이십니다.

묵상

- 어려움에 처한 내 주변의 이웃을 위해 무엇을 하는가?

오늘의 다짐

기도

성모님,

성모님을 본받아 다른 사람들에게 관심을 기울이고

그들을 찾아가, 그들에게 도움이 될 수 있도록

이끌어 주소서.

(주님의 기도, 성모송, 영광송)

오늘의 지향

4.

하느님 백성을 위한 모범

교회는 성모님의 모습을 본받아

늘 예수님을 모시려고 했습니다.

이것이 교회의 중심입니다.

†

성모님은 기도하고, 일하고, 회당에 가곤 하셨습니다. 하지만 모든 활동은 늘 예수님과의 완전한 일치 안에서 이루어졌습니다. 이러한 일치는 골고타에서 정점에 다다릅니다. 여기에서 성모님은 인류 구원을 위해 목숨을 바친 당신의 아드님과 일치를 이루십니다. 예수님의 고통과 일치를 이루십니다. 그분과 더불어 성부의 뜻을 받아들이십니다.

묵상

- 하느님과 일치하기 위해 어떤 노력을 하는가?

오늘의 다짐

기도

성모님,

하느님을 향한 사랑으로 제 마음을 채우시어,

하느님과 일치하는 삶을 살 수 있도록

도와주소서.

(주님의 기도, 성모송, 영광송)

오늘의 지향

5.

작고 단순한 사람들

희망은 결코 우리를 저버리지 않습니다.

†

　진정한 역사는 힘 있는 자들에 의해 이루어지지 않습니다. 하느님이 당신의 작은 이들과 함께 쓰시는 역사가 진정한 역사이며, 이 역사는 영원히 남습니다. 하느님은 요셉 성인의 약혼녀이자 젊은 동정녀인 성모님, 당시에 천대받았던 목동들과 같은 작은 이들과 함께 이 역사를 써 내려 가십니다. 이 작은 이들은 계속해서 희망할 줄 알았습니다. 희망은 작은 이들의 덕입니다.

묵상

- 일상생활 안에서 작은 이가 되려고 하는가? 아니면 자신을 더 드러내려고 하는가?

오늘의 다짐

기도

성모님, 성모님을 본받아,

다른 사람들 앞에서 겸손하고

자비로운 이가 되도록 이끌어 주소서.

(주님의 기도, 성모송, 영광송)

오늘의 지향

6.
희망의 어머니

당신 아드님의 죽음과 부활을

겪으신 성모님은

평화와 위로, 희망과 자비의 샘이

되셨습니다.

†

성모님의 모든 특권은 예수님의 파스카에 참여한 데서 나왔습니다. 금요일부터 주일 아침까지, 성모님은 고통 가운데 절망하실 수밖에 없었습니다. 그러나 동시에 그분은 절망 가운데서도 믿음으로 희망을 잃지 않으셨습니다. 성모님은 이처럼 희망으로 충만하십니다. 그래서 그분은 모든 제자들의 어머니이시며, 희망의 어머니이십니다.

묵상

- 절망스러운 상황에서도 희망을 간직하고 있는가?

오늘의 다짐

기도

성모님,

제 마음에 희망의 덕을 북돋아 주시고,

하느님 약속이 이루어지기를

인내로이 기다리도록 도와주소서.

(주님의 기도, 성모송, 영광송)

오늘의 지향

7.

성모님 안에서
희망의 증언을 보십시오

희망의 어머니이신 성모님은

어둠과 어려움, 낙담, 인간적인 패배의 순간에서

우리를 지켜 주십니다.

†

 십자가 위에서 예수님이 고통을 받으실 때에도, 그 고통이 완성에 이르기 직전에도, 고통보다도 더 위대한 신비를 밤새워 기다리는 한 어머니가 계십니다. 모든 것이 정말 끝난 듯했습니다. 어떤 희망의 불씨도 남아 있는 것 같지 않았을 것입니다. 어머니 역시 그 순간에 주님 탄생 예고의 약속을 기억하면서 이렇게 말씀하셨을 수도 있었을 것입니다. "아무것도 이루어지지 않았어. 난 속은 거야." 하지만 어머니는 그렇게 말씀하지 않으셨습니다. 오히려 당신의 그 믿음으로, 새로운 미래가 꽃망울을 터트리는 것을 보기 위해 희망을 갖고 하느님이 약속하신 내일을 기다리셨습니다.

묵상

- '아무것도 이루어지지 않았어. 난 속은 거야.'라는 마음이 든 적이 있는가?

오늘의 다짐

기도

성모님,

고통과 비탄 속에서도

하느님과 일치하셨던 어머니의 모범을 따라,

어떠한 고난 속에서도 하느님이신

당신 아드님 예수님과 일치하도록

도와주소서.

(주님의 기도, 성모송, 영광송)

오늘의 지향

8.

성모님은 길을 아십니다

예수님은 길이십니다.

그리고 성모님은

이 길을 어떻게 가야 하는지 잘 아십니다.

†

성모님은 예수님의 어머니이시며 우리의 어머니이십니다. 그분은 당신 안에서 강생하신 신령한 자비에 떠밀려 당신 자신을 잊으시고, 친척 엘리사벳을 돕고자 서둘러 갈릴래아에서 유다에 이르는 여정에 나서십니다. 카나의 혼인 잔치에서는 포도주가 부족한 것을 보시고, 당신의 아드님 곁에서 중개하셨습니다. 인생의 순례 길 내내 그분 영혼을 꿰찌를 칼을 예고했던 시메온의 말들을 당신의 마음에 지니셨으며, 예수님의 십자가 아래에서 굳건히 자리를 지키셨습니다.

묵상

- 성모님의 모습을 떠올릴 때 어떤 느낌을 받는가?

오늘의 다짐

기도

성모님, 하느님께서

성모님을 통하여 이루신 위대한 일을 두고

하느님께 감사와 찬양을 드리게 하소서.

(주님의 기도, 성모송, 영광송)

오늘의 지향

9.

예수님과 하나이신 성모님

성모님은 예수님과 하나이십니다.

그분은 마음으로 예수님을 아셨고,

믿음으로 아셨습니다.

†

성모님은 예수님과 함께 골고타에서 계셨던 것처럼, 어디에서나 예수님과 함께 계셨습니다. 예수님과 성모님은 떼어 놓을 수 없기 때문입니다. 그분들은 다른 여느 아들과 어머니가 그러하듯 밀접한 관계에 놓여 있습니다. 그리스도의 육신은 성모님의 태중에서 짜여졌습니다(시편 139,13 참조). 이러한 뗄 수 없는 관계는 구원자의 어머니로 미리 선택되신 성모님이 예수님 곁에 머무르시면서 골고타에서 마칠 예수님의 모든 사명에 내밀하게 동참하신 사실로도 의미 있게 됩니다.

묵상

- 예수님과 성모님의 관계를 묵상할 때 어떤 생각이 떠오르는가?

오늘의 다짐

기도

성모님,

어머니의 성심 안에서

하느님이신 당신 아드님을 찾는 법을

배우게 해 주소서.

(주님의 기도, 성모송, 영광송)

오늘의 지향

10.

고통받는 이들의 희망

힘들어하지 마라.

네 어머니인 내가 여기 있지 않느냐?

†

성모님은 칼에 꿰찔린 영혼을 지니신 분입니다. 여기서 '칼'은 성모님이 겪은 모든 슬픔과 고통을 가리킵니다. 모든 이의 어머니이신 성모님은 우리 인생의 동반자이시며, 당신의 모성애를 통해 우리가 마음을 활짝 열어 믿음을 향하도록 이끌어 주시는 분입니다. 우리 각자의 어머니처럼, 성모님은 우리와 함께 걷고 싸우면서 하느님의 사랑이 끊임없이 부어지도록 이끌어 주십니다. 멕시코의 후안 디에고 성인에게 하셨던 것처럼, 성모님은 우리에게도 모성애 가득한 위안을 주시며 이렇게 말씀하십니다. "힘들어하지 마라. 네 어머니인 내가 여기 있지 않느냐?"

묵상

- 성모님이 함께 계심을 느낀 적이 언제인가?

오늘의 다짐

기도

성모님,

온갖 곤경에 시달릴 때마다

어머니께 달려가

도움을 청하게 해 주소서.

(주님의 기도, 성모송, 영광송)

오늘의 지향

11.

우리에게 필요한 것

지금은 밀과 가라지를 구분할 때가 아닙니다.

기도를 해야 할 때입니다.

†

성모님을 떠올려 봅시다. 고통과 고난 속에서 성모님은 어떻게 사셨을까요? 엘리사벳을 방문하고 돌아오던 길에 어떤 생각이 드셨을까요? 이집트로 피신하면서 어떻게 하느님께 말씀드렸을까요? 시메온과 한나가 그 자리에서 찬미의 노래를 부를 때, 아니면 성전에 아드님을 남겨 두고 왔던 그날, 또 예수님의 십자가 아래에 서 있던 그때 무슨 말씀을 하셨을까요? 이렇게 힘든 상황에서 그분은 기도하셨고, 시대의 징표를 읽을 줄 아셨습니다. 이 상황들에서 성모님은 하느님의 현존에 몰두하셨습니다.

묵상

- 하느님의 현존을 바라보며, 그분께 기도하고 있는가?

오늘의 다짐

기도

성모님,

성모님의 덕행과 성덕을 본받아

하느님의 현존을 바라볼 수 있도록

도와주소서.

(주님의 기도, 성모송, 영광송)

오늘의 지향

12.

거룩하신 하느님의 어머니

하느님의 어머니이신 성모님은

교회의 어머니이시며,

교회를 통해서

모든 백성의 어머니가 되셨습니다.

†

성모님을 바라봅시다. 거룩하신 하느님의 어머니를 묵상합시다. 저는 여러분이 모두 함께 과거 용감한 에페소의 시민들이 교회에 들어서던 자신들의 목자들 앞에서 외쳤던 것처럼 "거룩하신 하느님의 어머니시여!"라고 성모님께 인사드리자고 제안하고 싶습니다. 이 얼마나 우리 어머니께 드리는 아름다운 인사입니까!

묵상

- '하느님의 어머니'이신 성모님에 대해 묵상한 적이 있는가?

오늘의 다짐

기도

성모님,

나날이 깨끗한 마음으로 어머니께 나아가,

하느님께서 어머니를 통하여 날마다 주고자 하시는

은총을 받도록 도와주소서.

(주님의 기도, 성모송, 영광송)

오늘의 지향

13.

저에게 이루어지소서

원죄 없으신 동정녀 마리아의 잉태 소식은

다음과 같이 요약할 수 있습니다.

'모든 것이 하느님의 대가 없는 선물이다.

모든 것이 은총이다.'

†

가브리엘 천사는 성모님을 "은총이 가득한 이"(루카 1,28)라고 부릅니다. 이처럼 성모님 안에는 죄를 위한 공간이 없습니다. 하느님이 영원으로부터 성모님을 예수님의 어머니로 미리 선택하시어, 원죄로부터 보호하셨기 때문입니다. 그리고 성모님은 그 은총에 응답하여, 천사에게 "말씀하신 대로 저에게 이루어지기를 바랍니다."(루카 1,38)라고 하셨습니다. 여기서 그분은 "당신 말씀대로 하겠습니다."라고 응답하지 않으셨습니다. 그저 "저에게 이루어지소서."라고 하셨습니다.

묵상

- 하느님의 부르심에 어떻게 응답하고 있는가?

오늘의 다짐

기도

성모님,

아무리 어렵게 보이는 일이라도,

하느님 뜻에 순종하도록 도와주소서.

(주님의 기도, 성모송, 영광송)

오늘의 지향

14.

성모님은 우리와 다르지 않습니다

성모님은 우리가 자주 오가는 길,

때로는 어렵고 어두운 그 길을

똑같이 걸으셨습니다.

†

성모님은 언제나 우리 마음 안에, 성실한 신앙생활 안에, 특히 그리스도인의 신앙 여정 안에 함께하십니다. 우리가 걷는 신앙의 길은 성모님이 걸으신 길과 동일합니다. 그러기에 우리는 우리 곁에 아주 가까이 계시는 성모님을 느낄 수 있습니다!

묵상

- 신앙의 길에서 어려움을 느낄 때 어떻게 하는가?

오늘의 다짐

기도

성모님,

제가 어머니를 닮아 가며

신앙생활을 해 나갈 수 있도록 도와주소서.

(주님의 기도, 성모송, 영광송)

오늘의 지향

15.
매듭을 푸시는 성모님

성모님께 청하면

그분은 우리에게 믿음을 선물하십니다.

†

성모님의 믿음으로 우리는 여러 가지 선물을 받았습니다. 그 가운데 첫 번째는 죄의 매듭을 풀어 주셨다는 것입니다(〈교회 헌장〉, 56항 참조). 제2차 바티칸 공의회의 교부들은 이레네오 성인과 여러 옛 교부들의 말을 인용했습니다. "하와의 불순종으로 묶인 매듭이 마리아의 순종을 통하여 풀렸다. 처녀 하와가 불신으로 묶어 놓은 것을 동정녀 마리아께서 믿음을 통하여 풀어 주셨다."(〈교회 헌장〉, 56항)

묵상

- 죄의 매듭에 묶여 있다고 느낀 적이 있는가?

오늘의 다짐

기도

성모님,

저희를 옭아맨 죄의 매듭을

풀어 주시어 하느님과의 화해의 길로

이끌어 주소서.

(주님의 기도, 성모송, 영광송)

오늘의 지향

16.

우리는 주님의 도구입니다

예수님을 믿는다는 것은,

예수님이 우리들 사이에서 계속 사시도록

성모님의 겸손과 용기를 따라

그분께 우리 삶을 내어 드리는 것입니다.

†

성모님은 믿음을 통해 예수님께 인간의 육신을 주셨습니다. 이는 성모님 안에서 이루어진 일이지만 우리 안에서도 벌어지는 일입니다. 우리가 하느님의 말씀을 선량하고 정직한 마음으로 받아들이고 그것을 실천할 때 일어나는 일이지요. 하느님은 마치 우리 안에서 육신을 취하시듯 우리 안에 살고자 오십니다. 그분은 당신 말씀을 사랑하고 지키는 사람들 안에서 거처를 마련하십니다.

묵상

- 하느님의 말씀을 받아들이고 실천하려고 노력하는가?

오늘의 다짐

기도

성모님, 제가 마음을 다하고,

정신을 다하고, 목숨을 다하여,

하느님을 사랑하고 하느님 말씀을

실천하도록 도와주소서.

(주님의 기도, 성모송, 영광송)

오늘의 지향

17.

성모님은 신앙의 나그넷길을 걸으셨습니다

신앙 안에서 전진한다는 것은

예수님을 듣는 것이며

예수님의 말씀이 인도하는 대로

따르는 것입니다.

†

성모님은 늘 예수님과 함께 계셨고, 사람들 사이에서 예수님을 따르셨습니다. 그래서 그분은 주님을 사랑하지 않는 사람들의 수근거림과 적대심을 직접 느끼셨습니다. 그리고 예수님과 함께 십자가를 지고 가셨습니다. 그때 당신의 믿음에 대한 사람들의 오해와 경멸을 마주하셨습니다. 예수님의 '때' 즉 그분 수난의 시간에 이르자, 이제 성모님의 믿음은 깜깜한 밤의 등불이 되었습니다. 성토요일 밤을 지새운 조그맣지만 영롱한 그분의 등불은 부활의 새벽까지 켜져 있었습니다. 그리고 무덤이 비었다는 소식을 통해 그 횃불은 그분 마음속에서 신앙의 기쁨으로 변화되었습니다. 그 신앙은 예수 그리스도의 죽음과 부활에 대한 믿음입니다.

묵상

- 사람들에게 오해와 경멸을 받을 때가 있는가? 그럴 때 어떻게 하는가?

오늘의 다짐

기도

성모님,

언제나 성모님의 마음을 따르며

온 세상에 하느님이신 당신 아드님의 빛을

비출 수 있도록 이끌어 주소서.

(주님의 기도, 성모송, 영광송)

오늘의 지향

18.

성모님의 눈길을 느끼십시오

성모님은 우리에게

예수님을 증언하라고 초대하시며,

우리를 늘 예수님께 인도하십니다.

†

성모님은 누구를 바라보시나요? 우리 모두를, 한 사람 한 사람을 바라보십니다. 그분은 따뜻한 어머니처럼 상냥함과 자비와 사랑이 넘치는 시선으로 우리를 바라보십니다. 그러니 우리가 각자 자신의 문제들로 지치고, 낙담하고, 짓눌릴 때면 성모님을 바라봅시다. 그리고 우리 마음에 "얘야, 힘내거라! 너를 응원하는 내가 있잖니!"라고 말씀하시는 그분의 시선을 느껴 봅시다. 성모님은 우리를 잘 아십니다. 무엇이 우리의 기쁨이고 어려움인지, 무엇이 우리의 희망이고 좌절인지 잘 아시는 어머니이십니다.

묵상

- 기쁜 순간, 또는 힘든 순간에 어디를 바라보는가?

오늘의 다짐

기도

성모님,

모든 근심 걱정을 어머니께 맡겨 드리니,

언제나 자비하신 하느님의 은혜를 받도록

도와주소서.

(주님의 기도, 성모송, 영광송)

오늘의 지향

19.

우리를 돌보시는 성모님

성모님은 예수님이 아이였을 때부터

그분을 돌보는 데 전념하셨습니다.

그리고 당신의 아이들인 우리도

돌보고 계십니다.

†

성모님은 늘 우리의 삶을 돌보시며 가르치십니다. 그래서 우리는 성모님의 온유한 돌보심 안에서 삶을 지켜 낼 필요가 있습니다. 태어난 순간부터 마지막 숨을 내쉴 때까지 말입니다. 내적인 삶을 돌보는 것, 희망의 씨를 뿌리는 사람은 자신의 삶에 희망의 씨를 뿌리는 사람입니다.

묵상

- 내 주변의 사람들을 사랑으로 돌보고 있는가?

오늘의 다짐

기도

성모님,

어머니가 하신 대로

가족과 주변의 이웃들을 돌아보며

그들을 사랑으로 돌볼 수 있는 마음을 주소서.

(주님의 기도, 성모송, 영광송)

오늘의 지향

20.

성모님의 경청

성모님은 그분 삶에서 벌어지는

모든 일에서 의미를 얻으려

깊이 묵상하셨습니다.

†

친척 엘리사벳을 찾아 나서는 성모님의 행동은 어디에서 시작되었습니까? 천사의 한마디 말입니다. "네 친척 엘리사벳을 보아라. 그 늙은 나이에도 아들을 잉태하였다."(루카 1,36) 이처럼 성모님은 하느님의 말씀을 경청할 줄 아십니다. 이것은 단순히 듣기만 하는 것이 아니라 하느님께 주목하고, 하느님을 환대하는 준비된 경청입니다. 또한 다른 이들처럼 가끔 놓치지도 않으셨습니다. 성모님은 항상 주님께 주의를 기울이며 그분의 말씀을 들으셨습니다.

묵상

- 하느님이 들려주시는 말씀에 귀를 기울이고 있는가?

오늘의 다짐

기도

성모님,

세상의 수천 가지 말들 속에서

당신의 아드님 예수님의 말씀을

경청할 줄 알게 해 주소서.

(주님의 기도, 성모송, 영광송)

오늘의 지향

21.

성모님의 결단

성모님은 급하게 살지 않으셨지만,

필요한 순간에는 결단을 내리셨습니다.

†

성모님은 삶을 급하게 살지 않으셨습니다. 오히려 루카 복음사가가 강조하듯 모든 일을 마음속에 간직하고 곰곰이 되새기셨습니다(루카 2,19 참조). 천사가 예수님의 잉태를 알려 준 결정적인 순간에도 그분은 "어떻게 그런 일이 있을 수 있겠습니까?"(루카 1,34)라고 물으며 천사의 알림을 깊이 되새기셨습니다. 그러나 그분은 되새기는 것에서 멈추지 않았습니다. 한 발 더 나아가 결단을 내리셨습니다. 결정은 어렵습니다. 그래서 사람들은 뒤로 미루거나 다른 사람들이 내 역할을 차지해 결정하도록 놓아두기도 합니다. 그러나 성모님은 하느님의 말씀을 경청하고, 곰곰이 생각하고 현실을 파악한 뒤에 하느님께 온전히 자신을 맡기기로 결정하셨습니다.

묵상

- 결단을 내려야 하는 순간에 어떻게 행동하는가?

오늘의 다짐

기도

성모님,

저희의 정신과 마음을 비추시어,

필요한 때에 결단을 내릴 수 있는

용기를 주소서.

(주님의 기도, 성모송, 영광송)

오늘의 지향

22.

성모님의 실천

성모님은 곧바로 행동하실 줄 아셨습니다.

✝

성모님은 하느님이 그분에게 요구하시는 것일 때, 그리고 꼭 해야만 하는 일이 분명할 때는 지체 없이 곧바로 행동하셨습니다. 이렇게 하느님의 말씀에 순종하여, 성모님의 행동은 애덕과 하나가 되었습니다. 성모님은 이렇게 사랑으로 자기에게서 벗어나시어 훨씬 더 값진 것을 얻어 가셨습니다. 당신의 아드님인 예수님을 모셔 가신 것입니다.

묵상

- 해야 할 일이 있을 때, 곧바로 실행에 옮기는가? 아니면 뒤로 미루는가?

오늘의 다짐

기도

성모님,

하느님의 말씀에 곧바로 순종하신 어머니처럼

저희가 손과 발을 서둘러 예수님의 사랑을

전하도록 도와주소서.

(주님의 기도, 성모송, 영광송)

오늘의 지향

23.

기쁨의 상징이신 성모님

참된 기쁨은

사람들 사이에서 이루어지는 조화에서 옵니다.

우리는 함께하는 인생 여정에서

서로를 지탱하는 아름다움을 느낄 수 있습니다.

†

하느님의 선하심을 경험한 성모님은 하느님이 자신 안에 이루신 놀라운 일들을 선포하셨습니다(루카 1,46-55 참조). 또한 사도들과 제자들 곁에서 그들이 믿음을 잃지 않도록 기도에 전념하셨습니다(사도 1,14 참조). 이런 성모님의 행동에서 우리는 오늘과 내일을 위한 교훈을 얻을 수 있습니다. 바로 기쁨을 느끼고, 그것을 우리를 둘러싼 모든 사람들과 나누는 것, 마음을 들어 올려 역경에 굴복하지 않는 것, 지치지 않고 괴로움과 고통에 짓눌린 사람들을 도와주면서 유익한 여정 속에 머무는 것, 바로 이것이 우리의 어머니가 가르쳐 주시는 유익한 교훈입니다.

묵상

- 다른 사람들을 돕고 그들과 조화를 이루는가?

오늘의 다짐

_____

_____

_____

기도

성모님,

제가 올바른 말로 좋은 뜻을 나누며,

누구도 혼란스럽게 하거나 상처를 입히지 않고,

다른 사람들을 도울 수 있도록 이끌어 주소서.

(주님의 기도, 성모송, 영광송)

오늘의 지향

24.

함께하시는 성모님

성모님은 침묵과 인내의 여성입니다.

고통을 견디며 어려움을 극복하고

우리의 기쁨에 진심으로 기뻐해 주십니다.

†

예수님이 태어나시기도 전부터 성모님께는 고난이 닥쳤습니다. 그리고 성모님은 이런 힘든 삶을 계속해서 걸어가시게 됩니다. 성모님은 출산을 앞두고 로마의 법을 준수하기 위해 길을 떠나야 했습니다. 장소가 여의치 않은 곳에서 예수님을 낳아야 했고, 예수님을 낳은 후에도 죽음의 위협 속에서 피신해야 했습니다. 그러나 성모님은 예수님의 고난과 박해를 함께 감내하셨고, 그분의 전 생애를 동행하십니다. 사람들이 예수님을 고문하던 밤에도 성모님은 함께하셨습니다. 그리고 예수님의 십자가 발아래 계셨습니다. 예수님의 삶과 죽음의 순간에 희망을 놓지 않고 함께하셨습니다.

묵상

- 우리 삶에 고난이 닥쳐왔을 때 침묵하고 인내하는가? 아니면 불만을 드러내는가?

오늘의 다짐

기도

성모님,

언제나 어머니를 신뢰하고

어머니의 품 안에서 희망을 갖고 살도록

돌보아 주소서.

(주님의 기도, 성모송, 영광송)

오늘의 지향

25.

성모님의 여정

우리가 성모님께 청할 수 있는 것은

그분이 우리를 매우 사랑하시는

어머니이시기 때문입니다.

†

우리 앞에서 아기 예수님을 품에 안고 걸으시는 어머니 성모님을 그려 봅시다. 성모님은 아기 예수님을 성전으로, 백성들 앞으로 모시고 가십니다. 성모님의 팔은 마치 하느님의 아드님이 우리를 향해 내려오시는 자기 낮춤의 계단과도 같습니다. 아기를 품에 안고 성전에 들어가시는 성모님의 모습을 그려 보면서도 이런 움직임을 관상할 수 있습니다. 성모님은 걸으십니다. 그러나 어머니보다 먼저 가시는 예수님을 볼 수 있습니다. 동시에 성모님은 아기 예수님을 모셔 갑니다. 그러나 이 여정에서 성모님을 데려가시는 분은 우리가 하느님께 갈 수 있도록 우리에게 오신 예수님이십니다.

묵상

- 아기 예수님을 안고 계시는 성모님을 바라볼 때 어떤 느낌이 드는가?

오늘의 다짐

기도

성모님,

언제나 어머니께 의지하는 자녀가 되어,

모든 기쁨과 슬픔을 안고 어머니 품으로

달려가게 해 주소서.

(주님의 기도, 성모송, 영광송)

오늘의 지향

26.

늘 준비된 성모님

그분은 준비된 동정녀,

준비된 성모님이십니다.

†

 루카 복음사가는 성모님이 천사의 주님 탄생 예고 뒤에 시간을 낭비하지 않고 즉시 봉사하러 엘리사벳에게 서둘러 가셨다고 설명합니다. 그분은 이처럼 준비된 동정녀, 준비된 성모님이십니다. 우리가 그분께 도움과 우리를 위한 보호를 요청할 때면, 그분은 이미 도움을 주실 준비를 갖추고 계십니다. 그분의 도움과 보호가 필요한 삶의 순간에, 성모님은 우리를 기다리게 하지 않으신다는 점을 기억합시다. 반드시 기억하십시오. 그분은 준비된 성모님이십니다.

묵상

- 다른 사람을 도와주기 위한 준비가 되어 있는가?

오늘의 다짐

기도

성모님,

어머니의 모범을 따라

저희도 언제든 이웃을 도울 준비를 갖추도록

이끌어 주소서.

(주님의 기도, 성모송, 영광송)

오늘의 지향

27.

모든 것은 선물

우리는 주님께 청하는 것은 쉽게 하면서

그분께 감사드리는 것은 주저합니다.

하지만 모든 것이 주님의 선물입니다.

†

성모님은 모든 것이 하느님의 선물임을 잘 알고 있었습니다. 성모님처럼 이 사실을 깨달을 수 있다면, 우리도 행복이 가득한 마음으로 살 수 있을 것입니다. 모든 것이 하느님의 선물입니다. 하느님은 우리 구원의 힘이십니다! 그러니 성모님처럼 하느님을 찬미하고 감사드리는 것은 너무나 당연한 일입니다. 하지만 우리는 주님께 감사드리는 것에 매우 인색합니다. 하루에 몇 번이나 감사하다는 말을 합니까?

묵상

- 하느님이 주신 선물에 감사하다는 기도를 드린 적이 언제인가?

오늘의 다짐

기도

성모님,

어머니께 간절히 청하니,

저를 대신하여 하느님이신 당신 아드님께

감사를 전해 드리소서.

(주님의 기도, 성모송, 영광송)

오늘의 지향

28.
하느님이 세우신 사랑의 계획

하느님은 우리를 사랑의 눈길로 바라보십니다.

†

나자렛 처녀 마리아는 하느님의 마음에 들었습니다. 그 이유가 무엇인지 알 수 없기에 '신비'라고 할 수 있지만, 이는 우리에게 낯선 일은 아닙니다. 마리아는 저기에 있고 우리는 여기에 있는 것이 아닙니다. 마리아와 우리는 하나로 이어진 관계입니다. 사실 하느님은 모든 이들에게 당신 사랑의 눈길을 보내십니다.

묵상

- 하느님의 사랑의 눈길에 어떻게 답하고 있는가?

오늘의 다짐

기도

성모님,

하느님 사랑에 기꺼이 응답하며

그 사랑을 더 널리 전할 수 있도록 도와주소서.

(주님의 기도, 성모송, 영광송)

오늘의 지향

29.

성모님을 관상하면

성모님은

우리를 너무나 사랑하시는 분입니다.

†

하느님의 어머니이신, 원죄 없으신 성모님을 관상하면, 우리는 우리의 운명과 소명을 더욱더 분명하고 깊게 인식할 수 있습니다. 우리는 사랑받기 위해, 그리고 하느님의 아름다우심에 힘입어 변모하도록 부르심을 받았다는 것을 깨달을 수 있습니다.

묵상

- 성모님에 대해 깊이 묵상해 본 적이 있는가?

오늘의 다짐

기도

성모님,

어머니께서 걸어오신 그 삶을 본받아

어머니의 성덕을 닮은 자녀가

될 수 있도록 이끌어 주소서.

(주님의 기도, 성모송, 영광송)

오늘의 지향

30.

말씀을 듣고
마음에 간직하신 성모님

성모님은 말씀을 온 존재로

마음 안에 받아들이셨으며,

그 말씀이 그분의 모태 안에서 사람이 되시어

인류를 위한 빛으로 태어나실 수 있었습니다.

†

말씀을 듣고 간직하는 바르고 착한 마음은 성모님의 신앙을 암시적으로 묘사해 줍니다. 성모님은 당신이 듣고 보신 모든 것을 마음속에 간직하고 되새기심으로써 그 말씀이 삶을 통해 열매를 맺게 하셨습니다. 그래서 성모님은 엘리사벳이 "행복하십니다, 주님께서 하신 말씀이 이루어지리라고 믿으신 분!"(루카 1,45)이라고 말했던 대로 신앙의 완전한 표상이 되셨습니다.

묵상

- 하느님의 말씀을 마음에 새기기 위해 노력하는가?

오늘의 다짐

기도

성모님,

어머니께서는 하느님께서 이루시는 일을

끊임없이 묵상하셨으니,

저도 날마다 제 삶에 와닿는 일을 묵상하며

하느님의 뜻을 깨닫도록 이끌어 주소서.

(주님의 기도, 성모송, 영광송)

오늘의 지향

일러두기

이 책은 프란치스코 교황님이 하신 말씀을 묶은 묵상집입니다. 교황님이 하신 말씀의 문맥을 살려 편집한 내용이므로, 교황님이 직접 하신 말씀과는 차이가 있을 수 있습니다.